사부 성 베네딕도

Text: M. Regina Goberna OSB
Illustrationen: M. Lurdes Viñas OSB

VATER BENEDIKT
Spiritualität, Meditation und Gebet

© Verlag Neue Stadt, München 1980

Translated by Ha-Don Jeong
© Benedict Press, Waegwan, Korea 1993

사부 성 베네딕도
1993 초판 | 2000 3쇄
옮긴이 · 정하돈 | 펴낸이 · 김구인
ⓒ 분도출판사
등록 · 1962년 5월 7일 라15호
718-806 경북 칠곡군 왜관읍 왜관리 134의 1
왜관 본사 · 전화 054-970-2400 · 팩스 054-971-0179
서울 지사 · 전화 02-2266-3605 · 팩스 02-2271-3605
www.benedict.co.kr | press@benedict.co.kr

ISBN 89-419-9312-1 03230
값 5,000원

마리아 레지나 고베르나

사부 성 베네딕도
영성·묵상·기도

정하돈 옮김

분 도 출 판 사

머 리 말

베네딕도 성인은 6세기 중엽, "주님을 섬기는 학원"인 수도원을 몬떼가시노에 설립하고 그곳 수도승들을 위해 규칙서를 썼다. 그의 탄생 1,500주년을 기념하던 1980년에는 전세계에 그가 쓴 규칙서를 따라 생활하는 남녀 베네딕도회 수도승들이 대략 3만 명에 이르렀다. 그뿐 아니라 베네딕도 성인은 온 유럽의 주보 성인이기도 하다.

 이 작은 책은 바로 베네딕도 성인의 탄생 1,500주년을 기념하였던 1980년, 스페인에 있는 관상 베네딕도회(Benet de Montserrat)의 마리아 레지나 고베르나 수녀(Sr. M. Regina Goberna, O.S.B.)가 베네딕도 성인의 생애를 우리 시대의 말과 그림으로 엮은 재미있는 책이다. 언뜻 보기에 그림과 말들이 아주 평이하여 마치 만화나 어린이들이 보는 책으로 느껴질지도 모른다. 그러나 이 책을 읽어 감에 따라 그 깊은 뜻을 새롭게 헤아릴 수 있게 될 것이다. 수도자이든 세속인이든, 연로자이든 젊은이든 마음을 가다듬고 천천히 거듭 반복하여 읽노라면 베네딕도 성인의 생애와 그의 규칙서의 주요 내용들뿐 아니라 복잡다단한 일상생활에서부터 자기 자신에게로, 더 나아가서는 하느님께로 시선을 돌릴 수 있게 될 것이다.

 이 작은 책이 결코 센세이션을 일으킬 리는 없다. 그러나 고요 속에서 성장하고 평온함을 갈망하는 쉼 없는 이 세상에서 이 말과 그림들에서 얻기 위해서는 조용히 귀기울여 들어야만 할 것이다. 많은 이들이 이 작은 책을 귀기울여 들음으로써, 독자가 속해 있는 바로 그곳이 세상을 위한 축복의 장소가 되기를 기원한다.

역자 정하돈 수녀

차 례

사랑과 창조	8
희망	10
대학	12
피난	14
찾는 자는 발견할 것이다	16
수도복	18
거룩한 전승	20
고독	22
광야	24
침묵	26
마음의 발견	28
내면성	30
유혹	32
경배	34
우리 아버지	36
부활제	38
성소	40
수도자들의 종류	42
아빠스	44
공동체	46
온 세상	48
질서	50
정주	52
서원	54
성무 일도	56
시편	58
간청하는 자	60
찬송하는 자	62
계약의 표징	64
야훼의 손님	66

68 오시는 나라
70 일
72 순종
74 대화
76 시련
78 몬떼가시노
80 새로운 출발
82 겸손: 하강
84 겸손: 상승
86 육체적 도구와 정신적 도구들
88 수도원의 성당
90 식당
92 손님 환대
94 봉사
96 침방
98 동정성
100 충실
102 성서 읽기
104 복음서
106 봉쇄 구역
108 가난
110 영적 지도
112 살아 있는 규칙
114 세상을 분열시키는 법
116 사랑의 법
118 결코 끊이지 않는 사랑
120 평화의 비전
122 죽음
124 사부 성 베네딕도의 길

사랑과 창조

베네딕도. 이름 그대로 축복을 받은 자, 은총을 받은 자였다.
그는 누르시아의 한 귀족 가문에서 태어났다.
때는 480년경.

에우트로피오와 아분단치아는 결혼한 이래 줄곧 '거룩한 산'의 정상을 바라보았다. 그들은 결점과 죄로부터 자유로웠고 언제나 한마음이었다. 사랑은 그들의 풍요로운 삶의 원천이었다.

그들은 늘그막에 이르러 쌍둥이를 낳았다. 베네딕도와 스콜라스티카. 그들은 이미 대가족이었지만 그들에게 이 두 아이의 출생은 대단히 큰 기쁨이었다.
  "하늘에서 언제나 우리를 굽어보시는 자비하신 아버지, 당신 손에 이 두 작은 피조물을 맡깁니다. 오늘 시작하신 새로운 이 창조 업적을 앞으로 친히 완성시켜 주십시오" 하고 어머니 아분단치아는 애절하게 기도하였다.
  그리고 아버지 에우트로피오도 감격하여 이렇게 덧붙여 기도했다. "전능하신 창조주 하느님이시여, 세상 태초부터 오늘까지 우리 인간에게 당신의 깊은 사랑을 보여 주셨으니 우리는 당신을 찬미하고 찬송하나이다."

희 망

매년 봄이 오면 두 어린 형제 베네딕도와 스콜라스티카는 꽃이 만발한 들판과 푸른 초원을 뛰어다녔다.
여리디여린 꽃봉오리가 단단한 껍질을 뚫고서 새 꽃잎을 피우려 하고 온 자연이 기쁨에 떠는 것처럼 이 두 아이 역시 새 삶에로 향한 희망의 외침이었다.

지극히 크신 하느님께 향한
어린아이의 희망.
살아 있는 희망. 젊다. 무겁지 않다.
열렸다. 창조적이다. 새롭다.
실망이나 좌절과는 정반대의 것.
그 어느 것으로도 극복될 수 없고
모든 체험으로 인해 더욱 강해지는,
결코 의혹을 갖지 않고
흔들림이 없는 희망.

"나는 훗날 크고 강한 사람이 되면 용감한 군인이 되어 참 왕이시고 주님이신 그리스도를 섬기는 신하가 되고 싶어."
"나는 하이얀 비둘기가 되어서 우리 주님을 사랑하고 찬미하고 싶어."

멀리서 두 아이를 바라보고 섰던 착한 유모 치릴라는 두 팔을 쳐들고 그들을 위해 기도하였다: "하늘에 계신 우리 아버지, 저 귀여운 쌍둥이의 훌륭한 원의와 희망을 이루어 주소서. 그리고 어른들은 어린아이들처럼 되게 해 주십시오."

대 학

그러나 부모는 전혀 다른 계획을 가지고 있었다. 그들은 아직 나이 어린 베네딕도를 학업 연마를 위해 큰 도시 로마로 보냈다.

　　베네딕도는 철인 소크라테스에게서 인간의 존엄성을 배웠다: 한 사람 한 사람 그 모두가 얼마나 존귀한가! 귀족 출신이건 노예 출신이건 예외없이 우리 모두는 그리스도 안에서 하나이다.
　　그는 플라톤을 통해서 최상의 선이 모든 피조물의 근원임을 깨달았다. 그리고 베네딕도는 사랑 안에서 두려워해야 할 분, 우리의 모든 생각과 마음을 익히 알고 계시는 분, 그리고 매순간 우리를 지켜보고 계시는 분의 눈길과 마주쳤다.
　　그는 아리스토텔레스에게서 선을 행함으로써 덕행에 대한 기쁨을 찾을 수 있다는 것도 배웠다. 슬퍼하는 성인은 참으로 슬픈 성인이다.

　　발은 땅 위에 꿋꿋이.
　　마음은 하늘을 우러러.
　　이 양극을 서로 이어주기 위해
　　선행으로 가득 채워진 생에 기쁨을 가진다.

　　이렇게 그는 아직은 어렸지만 미래를 위해 참으로 훌륭한 인격으로 형성되어 가고 있었다.

피 난

아니다. 아니다. 결코 아니다.
둘째 자리에 학업, 그리고 사회에서의 직위.
첫째 자리에 생명! 모든 것을 파괴하지 않으려면 이 순위를 바꿀 수 없다. 사람들에게 바른 길로 보이지만 마지막에 가서는 멸망에로 인도되는 길이 있다.

    학문을 연구하면서 줄곧 술 좌석에 함께 자리하는 사람은 서서히 힘이 빠지고 마침내는 삶의 균형을 잃게 되고 만다. 이성은 비록 부해질지언정 그의 육체는 쾌락의 노예가 되고 만다.

    이와같이 인간은 분열의 비극에 빠진다.

    베네딕도는 단호하게 일치의 길을 택하였다.

    원조의 범죄 이전의 사람처럼 자기 자신 안에서 영육이 일치된 사람은 참된 가치질서에 의해서 인도될 것이다. 그는 제일 먼저 하느님의 마음에 드는 것을 따르려 하고 영혼의 소리에 자신을 내맡기려는 의지를 가지고 있다. 여기서 다른 모든 피조물에 대한 관계가 이루어진다.

    베네딕도는 대다수의 사람들과 정반대의 입장에서 세상을 바라보았기 때문에 이 세상의 모든 지혜는 한낱 어리석음으로 보였다. 그래서 마침내 세상을 등지기로 결심하였다. 이런 세상을 새로운 삶으로 인도하기 위해서 그는 세상에서부터가 아니라 세상과 함께 도망치려 했다. 왜냐하면 그 자신도 세상의 한 부분이었기 때문이다.

    그는 앞으로 앞으로 나아갔다. 정상을 향해 걸음을 재촉했다. 그러자 빛이 보였다. 무슨 빛이었을까?

찾는 자는 발견할 것이다

진지하게 찾는 사람이 가야 할 그 길의 시작은 필연코 좁다. 그러기에 어려움을 만났다고 해서 즉시 두려워하거나 놀라서는 안된다.

찾는다는 것은 온 힘을 다해 어떤 보화, 어떤 새로운 것을 열망하는 것이기 때문이다. 부르심, 소명을 따른다는 것은 보다 나은 미래를 향하여 한 걸음씩 인내롭게 나아가는 것이다. 오직 자기 자신을 떠나는 사람만이 찾을 수 있다. 오직 위를 향해 걸어가는 사람만이 실제로 위에 도달할 수 있다.

사랑의 봉사를 하던 중 갑작스런 일을 당했을 때 무관심이나 양보가 아니라 다만 바람결에도 자신을 굽히지 않는 곧은 신념과 강한 의지만이 만남으로 인도할 것이다.

그렇다고 모든 것이 인간의 노력에 달려 있는 것일까?

하느님 친히 대답하신다: "나의 아들아, 네가 진실로 나를 찾는다면 내가 너의 청을 들어주리라. 그리고 네가 나를 부르기 전에 내가 너에게 '나 여기 있노라'고 말하리라."

어린 베네딕도는 이것을 곧 체험하게 될 것이다. 하느님이 이미 산 위에서, 훌륭한 수도자 로마누스 안에서 그를 기다리고 계셨기 때문이다. 그는 이미 나이가 많아 힘들고 고달팠을 테지만 찾는 데 있어서만은 아직도 그의 힘이 다하지 않았다. 그리고 그 역시 이 어린 소년 안에서 그분을 알 수 있도록 하느님으로부터 인도되었다.

"당신께 내 비밀을 열어 보일 수 있을까요? 나는 숨어서 살고 싶습니다. 나는 진실로 하느님을 찾으려고 합니다" 하고 베네딕도는 고백하였다.

"나의 아들아, 너를 이미 찾으신 그분을 찾아라. 믿음 안에서 찾아라. 그러면 언젠가 너는 날마다 네 곁에 계셨던 그분의 얼굴을 마주 바라보게 될 것이다. 네가 머물려고 한다면 오직 네 발을 안으로 들여놓기만 하면 되는 것이다."

수 도 복

이튿날 로마누스는 베네딕도에게 수도복을 입혀 주었다.

무슨 권한으로 그가 수도복을 입혀 주었을까? 이 무슨 특권인가? 베네딕도는 아무것도 가지고 싶지 않았다. 그가 다른 모든 형제들의 형제가 되려 했다면 그것은 오히려 이질감을 주는 옷이 아니었을까?

깊은 생각 끝에 그는 다음 세 가지 이유를 찾았다:
그 옷은 로마누스가 입고 있던 똑같은 옷이었다. 그래서 이제부터 그는 새로운 가족의 일원이 된 것이다.
그것은 그의 권리이다.
그 옷은 베네딕도가 새 사람이 되고자 시작한 것을 상기시켜 줄 것이다. 성세성사 안에서처럼 그는 새 아담을 입었다. 그렇다고 해서 어리고 연약한 베네딕도가 이미 새 사람이나, 새 아담이 되었다는 것은 아니다. 그러나 그 옷은 그가 그렇게 되도록 힘쓸 의무를 지워준 것이다. 물론 옷이 수도자를 만드는 것은 아니지만 수도자가 되도록 도와 준다.
그것은 그의 특권이다.
그 옷은 그가 살과 피를 가진 사람이기 때문에 자신의 결심을 드러내는 징표로서 받아 입은 것이다. 그것은 이성을 넘어 생의 가장 깊은 실재를 표현해 주기 때문에 우리는 징표를 가지는 것이다.
그것은 모든 사람이 인정하는 바이다. 미(美)의 신학이 그 얼마나 중요한가!

"주 예수여, 이 얼마나 크고 귀중합니까!"
베네딕도는 너무나 행복해서 눈물을 흘리며 기뻐하였다.

거룩한 전승

매일 로마누스는 베네딕도에게 빵을 담은 바구니를 줄에 달아 험준한 절벽 아래 있는 동굴로 내려 주었다.

"아버지, 이 빵에는 누룩이 있어 — 눈으로는 알아볼 수 없지만 — 서서히 내 내면에서 부풀고 있습니다."

"그래 나의 아들아. 이 빵은 여러 세대로부터 준비되어진 것이다. 밀가루가 거룩한 전승을 통해 변화되도록 서로서로 사랑한 사람들로부터 말이다.
너는 네가 뿌리지 않은 곳에서 거두어들이고 있다. 다른 이가 네 앞서 뿌렸고 고생을 했기 때문이다.
세세대대로 전해 온 사랑은 우리 모두가 우리들의 반지를 연결시킨 사슬과도 같다.
그 안으로 들어가면 들어갈수록 너는 철이나 놋쇠보다 더 강한 이 사슬에 네가 묶이는 것을 느끼게 될 것이다: 그것은 주님이신 그리스도이시다."

고 독

깊은 계곡 사이에 좁은 오솔길. 그 아래 굽이치며 흐르고 있는 시내. 근처 숲속에서부터 빵조각을 물고 날아오는 까마귀는 베네딕도의 유일한 친구였다. 이는 그의 고독을 달래 주는 모든 것이었다.

      더 이상 아무것도 없다.
      오직 자기 자신과 함께 있을 뿐.
      인류 가운데 홀로.
      하느님 앞에 홀로.

그러므로 그는 평화중에, 고요중에, 침묵중에 그의 길을 갈 수밖에 없었다.

      중간 길은 없다:
      죽음이냐 혹은 삶이냐.
      미쳐 버리느냐 혹은 무아경에 빠지느냐.
      받아들이느냐 혹은 이성을 잃어버리느냐.

이같은 갈등 속에서 베네딕도는 자기 자신의 근본을 발견하였다.

그는 하느님의 축복을 받은 자이다.

광 야

베네딕도. 축복을 받은 자. 강복.
그러므로 그는 자기가 아무것도 아니라는 것을 발견하였다.

진리에 가까워지면 가까워질수록 자신에 대한 실망이 더욱 컸다. 베네딕도는 자기 자신의 결점들을 눈앞에 두고 있다. 미화시키지 않은 채. 아무런 변명도 없이. 날마다 그는 자신을 인내롭게 지고 가야만 했다.

텅 빈 공간: 그가 가지고 있는 모든 좋은 것은 하느님으로부터 온 것이다. 오직 나쁜 것만이 자신의 것이다. 그는 자신의 죄의 낭떠러지 앞에 서 있고 마음의 악의를 깨닫는다. 그는 완전히 풀이 꺾이었고, 땅바닥에 주저앉아 겸손해졌다.
밤: 그는 죄인이었기 때문에 감히 눈을 들 수가 없었다.
모순: 먼지 속에 꿈틀거리는 벌레와도 같다. 죽임을 당하려 끌려가는 양과도 같다. 주인 앞에 서 있는 집진 짐승과도 같다.

그렇다고 해서 이제 그가 무한한 자비를 의심하고 있는 것일까? 아니다.
공허: 그러나 모든 욕망, 모든 동경, 모든 갈망으로 가득 차 있다.
확신 속에서의 밤: 그는 모든 것을 할 수 있는 분 안에서 강하고, 그를 사랑하시는 분 안에서 승리자가 되었다.
자각: 모든 것이 오로지 성령의 선물임을 깨달았다.

그는 홀로: 축복을 받았다.
하느님이 그와 함께: 축복, 선물.

침 묵

말없이.
그는 교회에 말씀하시는 성령의 소리를 듣기 위해 완전한 귀가 되었다.

오늘, 지금이 때이다 — 네가 생명을 가지고 있는 동안.
잠에서 깨어나라. 일어나라. 깨어라.
조용한 부름에 마음으로부터 귀기울여라.
그분이 너를 향해 계시다.

"듣거라, 나의 아들아 …"
어진 아버지의 훈계를 받아들여라.

그것이 가능할까?

베네딕도는 하느님의 '오늘' 안에서 그리고 시대의 '지금' 안에서 울리는 지속적이며 권능에 찬 말씀이 있다는 것을 깨달았다. 많은 말 속에서 너는 죄를 피하지 못할 것이다. 이 말씀의 중요성 때문에 너는 듣는 것을 배워야 한다.
누가 귀를 막고 시간을 낭비한다면 그의 마음은 무감각해지고 돌처럼 굳어질 것이다. 생명에 이르는 대신 죽음에 이를 것이다.

깊은 침묵에 대한 열망이 너무나 큰 나머지 베네딕도는 가능한 한 움직이지 않은 채 조용히 있었다. 그는 머리를 숙이고 마음의 귀를 기울였다:
"주여, 말씀하소서."

마음의 발견

자신의 내면에 잠시나마 깊이 머물렀을 때 그는 뜻밖의 일을 체험하였다.

그것은 그를 계속 흥분시키는 살아 있는 충동이었다. 너는 그것이 고동치고 있음을 모든 감각으로 느끼지 못하는가?

베네딕도는 온 마음으로 온 힘을 다해 사랑하기를 배우고 있다. 놀라운 정력으로 강한 성령의 바람 안에서 자유롭게, 넓게.
오! 말로 표현할 수 없는 감미로움이여!

아무것도 그의 본성 안에서 파괴될 것이 없다.
어떤 것도 억제될 필요 없다.
어떤 것도 거부될 필요 없다.
그 어떤 것도 멸시될 필요 없다.

숨소리는 평온하게 머리부터 발끝까지, 발끝에서 머리끝까지 온몸에 스며들고 있다. 모든 것이 온통 숨으로 가득 차 있다.
그의 마음에 깨끗하고 온순하게 균형있고 고르게 뛰고 있는 온 우주를 포용하는 크나큰 사랑을 위하여 모든 것을 모으고 있다. 모든 것을 오로지 하나에만 집중시키고 있다.

그의 작은 마음은 그리스도에 대한 사랑보다 아무것도 더 귀하게 여기지 않는다.

내면성

마음으로 보는 이는 오로지 마음만이 분명하게 볼 수 있는 사랑의 눈을 가지고 있다. 현재를 새롭게 대면한다.

인간 개개인은 그리스도 — 인류의 구원자 — 가 깊은 내면에 감추어져 있는 축성된 성체처럼 창조의 가장 크고도 놀라운 업적이다. 인간 개개인은 크나큰 경외심을 가지고 대하여야 할 귀한 존재이다.

동굴 앞에는 무성하게 자란 풀, 여기저기 날아다니는 제비, 바람에 춤추는 낙엽, 가파르게 높이 치솟은 바위, 주위에는 엉겅퀴와 가시덤불, 계곡으로 향하는 길 가장자리에는 여러 가지 꽃, 이 모든 것은 '성스러움'의 지속적인 현존을 반사한다.
주님의 술과 밀떡을 담은 제대 위의 그릇처럼.

베네딕도는 새 하늘과 새 땅이 어떤 것인지 알지 못하지만 그가 여기서 신비스럽게 체험하는 것이 바로 그 행복을 미리 맛보는 것이라고 믿었다.
그래서 그는 동굴 앞에서 홀로 기쁨에 넘쳐 춤을 추었다.

유 혹

베네딕도, 그게 무슨 소리냐?
거기서 혼자 춤을 춘다고?
혹시 정신이 이상해진 것은 아닐 테지?
무슨 허황된 꿈을 꾸고 있는 게 아닌지?

그러나 현실은 네가 생각하고 있는 것과 같지 않다.
너는 네가 피해 온 동료들과 조금도 다를 바가 없다.
그들은 너처럼 살지 않는다.
그들은 너의 유별남을 받아들이지 않는다.
그들은 너의 우매한 짓을 따르지 않는다.

너는 병이 걸린 것이 아니냐?
정상적인 생활을 하고 있는 사람들이 사는 도시로 다시 돌아가거라.
너는 아직도 어여쁜 사비나를 생각하고 있느냐?
너는 그녀와 함께 가정을 꾸밀 수 있지 않으냐?

가엾은 베네딕도는 완전히 혼돈상태에 빠져 있었다.

착각인가 혹은 실제인가?
돌았나 혹은 제 정신인가?
결정적인 순간인가 혹은 쓸데없는 시간 낭비인가?

그는 무릎을 꿇었다.
"나의 하느님, 나의 하느님, 당신의 뜻이 무엇이옵니까?"

경 배

"나의 아들아,
나는 근원이요
너는 아직 완성되지 않은 작품이다.
너는 무한으로 던져진 자요
나는 무한이다.
너는 작은 아이요
나는 아버지이다.
너는 흔들리는 자이지만
나는 네가 의지하는 바위이다.
너는 생각이지만
나는 지혜이다.
너는 말이요
나는 완전하고도 유일한 진리이다.
너는 완전히 그리고 온전히 소유당한 자이다.
나는 온전하고 넘치는 소유자이다.
너는 내 안에 잠기어 있다.
네가 나를 부둥켜안고
이해하고 설명할 수 있다면
나는 이미 내가 아니다.
나는 너를 앞서 가는 자이다.
네가 완성되지 않고 채워지지 않은 채
너의 비천함 속에서 죽지 않는다면
너는 네가 아니다.
왜냐하면 너는 그런 존재로 만들어졌기 때문이다."

 그분이 원하시기에 그분의 눈은 그를 향하고 그에게 귀기울이시며 생명의 길을 가르치신다. 하느님 사랑의 이 큰 자유 앞에서 베네딕도는 행복한 감각으로 눈물을 흘리며 경배를 드린다.

 사랑하는 형제들이여, 끊임없이 우리를 초대하시는 주님의 목소리를 듣는 것보다 더 좋은 것이 우리에게 또 무엇이 있겠는가?

우리 아버지

베네딕도는 이렇게 기도하였다:
    "하늘에 계신 사랑하는 아빠, 아버지,
    당신은 당신으로부터 오시고 당신께로 되돌아 가시는,
    세상에 대한 완전한 선물이십니다.
    우리에게는, 오 주님, 우리에게는 영광을 돌리지 마시옵고
    당신의 거룩한 이름이 길이길이
    찬양받으시고 영광받으소서!"
이 기도는 우리가 우리 눈으로 본 아버지의 영광의 신비, 예수의 마음에서부터 우러난 첫번째 간청이다.
    "지극한 자애로 우리를 지금부터 당신의 아들들로 헤아리시는 아버지! 당신 나라가 임하소서! 지금 이 시간에 그리고 영원히 …"
이 기도는 예수의 마음에서 우러나는 두번째 간청, 이 땅 위의 하느님 나라의 신비이다.
    "당신이 우리에게 선물하신 것처럼 우리도 다른 이들에게 줄 수 있도록 그리고 형제들간에 일어날 수 있는 걸림돌의 가시가 사라질 수 있도록 우리에게 당신의 자비 가득한 용서를 허락해 주소서."
이 기도는 죄지은 자 자신에게서 나온 마지막 간청이다.

베네딕도! 이 기도가 얼마나 의미 깊으냐! 예수님이 네게 이것을 말해 주고, 또 네게 가르쳐 주기 위해서 이 세상에 직접 오신 것이 아니냐! 이보다 더 간단하며 완전한 기도는 없다. 그러나 네 안에 깊이 잠기기 위해서는 활짝 열린 마음으로 드리는 이 기도보다 더 효과적인 것은 없다.

    이제로부터 너의 기도의 소명은 모든 것 안에서 하느님의 거룩한 뜻이 이루어지기를 간청하는 것이다.

부 활 제

부활 축일 아침, 갑자기 동굴 앞에 산토끼를 뒤쫓던 젊은 사냥꾼 홀로리안이 나타났다.

"베네딕도 아버지, 여기 계십니까?"

"나를 아버지라고 불렀나?"

"예. 저는 당신의 얼굴에서 시험에 합격한 승리자의 기쁨을 보았습니다. 우리 함께 제가 가지고 온 고기를 나누어 먹읍시다. 둘이 먹기에 넉넉합니다."

그들은 말없이 음식을 먹었다. 그들은 빵과 고기를 함께 나누며 서로를 바라보며 미소지었다. 마침내 젊은이가 큰 소리로 말했다: "저는 여기서 당신과 함께 머물겠습니다. 저도 당신이 얻은 그 평화를 찾고 얻도록 힘쓰겠습니다. 당신의 얼굴은 부활의 기쁨으로 가득 차 있어 눈부십니다. 저도 우리가 사는 세상에서 부활의 표징이 되고 싶습니다. 말로써가 아니라 삶과 모범을 통해서 말입니다."

"나의 아들아. 네가 거룩한 부활 축제로부터 성령의 기쁨과 열망으로 그분을 만나려면 하느님의 빛을 향하여 네 시선을 두어야 한다. 그 빛이 어디서 왔으며 어디로 가는지 너는 알지 못하지만 그 빛이 네 안에 깊이 스며들 것이다. 네가 그 빛을 형제들과 함께 나누는 순간마다 심오한 기쁨을 체험할 것이다. 그리고 형제들의 이 기쁨의 모든 움직임이 너를 위한 부활제가 될 것이다."

이들이 서로 이렇게 이야기하고 있을 때 작은 토끼는 두려움 없이 그들 가까이로 뛰어왔다. 죽음은 생명이 있는 곳에서 힘이 없다.

성 소

사부 성 베네딕도에 대한 소문이 곳곳에 알려지자 많은 이들이 그를 보려고 찾아 왔다.

"아버지, 당신의 소명은 무엇입니까?" 총명하고 정열적인 소년 발렌티노는 그에게 물었다.

"형제여, 우리의 성소는 망상이 아닙니다. 평범한 생활은 곧 당신을 실망시킬 것입니다. 그러므로 수도원에 들어오고 싶어한다고 누구나 쉽게 받아들여서는 안됩니다.

또 성소는 자신의 성격을 극복하는 데 완전한 치료제가 아닙니다. 당신은 날마다 스스로 이를 위해 노력해야 합니다.

또 성소가 삶의 두려움 때문에 도피하려는 것이라면 안됩니다. 이 길을 가는 데 있어서 힘들고 어려운 것이 많습니다.

성소란 하느님이 당신의 정신 안에 강하게 밀착되어 있는 것입니다. 당신은 단지 생각으로뿐만 아니라 진실되이 그분을 찾아야 하고, 온 정성을 다하여 하느님의 일이 당신의 생활 안에서 중심이 되게 하고, 즐겨 순종하며 당신을 낮추고 다른 이들의 결점을 참아 주어야 합니다. 이렇게 함으로써 당신은 그리스도를 닮게 될 것입니다.

그러나 이 모든 것은 당신 자신의 일부분이기 때문에 당신이 내적으로 당신 자신으로부터 자유로울 때 비로소 가능하게 되는 것입니다. 왜냐하면 모든 성소는 아주 개인적인 것이기 때문입니다. 성소는 이상적인 것이 아니라 바로 있는 그대로의 당신을 위한 것, 즉 당신의 장점과 함께 한계성을 포함하는 당신 자신을 위한 것입니다. 왜냐하면 당신은 우리 주님이시요, 하느님이신 그분께 유일무이한 존재이기 때문입니다."

수도자들의 종류

마오로와 쁠라치도 두 소년의 머리 속에는 수도생활이 어떤 것인지 전혀 알지도 못하면서 수도승이 되려는 생각으로 가득 차 있었다. 사부 베네딕도는 그들에게 이렇게 가르쳤다:

"아들들아. 수도복만 입고 자신들을 수도자라고 부르는 사람들이 있다. 그들은 자기들이 있어야 할 곳에 머무르지 않고 정처없이 돌아다닌다. 몸과 마음이 자주 분리된 채 하느님 안에서 찾을 수 없다고 믿는 것을 피조물 안에서 찾으려 하고 자기들이 스스로 생각하거나 마음에 드는 것을 거룩하다고 말한다.

또 삶의 스승인 규칙을 통해 단련되지 않은 다른 종류의 사람들도 있다. 그들은 때때로 혼자 살고 때로는 그룹으로 살기도 한다. 그들은 지조가 없고 탐욕적이고 항상 자기들의 마음이 내키는 대로 행동하려 한다.

그러나 수도승으로 불리어지고 또한 참된 수도승인 사람들이 있다. 그들은 규칙과 아빠스 아래서 순종하는 자들이다. 그들은 같은 이념을 가졌으며 수없이 뛰는 맥박이 마치 단 한 번의 심장 박동으로 말미암은 것처럼 한 사람 한 사람에게 다양성을 부여하며 같은 생활 리듬 안에서 같은 생활 질서를 따른다.

너희는 하느님의 계명에 거룩하게 순종하기 위하여 마음과 몸을 단련시키는 가장 적합한 도구들을 찾아낼 수 있을 것이다."

아빠스

이 두 소년과 뒤따라 찾아온 다른 많은 이 — 이젠 열두 개의 작은 수도원으로 나뉘어진 — 들의 아버지 베네딕도는 오래지 않아 아빠스가 되었다.

새들이 즐겨 나뭇가지에 깃들일 수 있는 큰 나무처럼 그는 수도자들을 받아들였고 깨끗하고 헌신적인 마음으로 견고함과 깊은 자비로 가득 찬 착한 목자처럼 그들을 사랑하였다. 각자 개개인의 성향에 따라서 … 이 얼마나 훌륭한 예술인가! 그는 악을 미워하였다: 북더기를. 그는 형제들을 사랑하였다: 좋은 씨앗들을. 그러므로 그는 두려움의 대상이 되기보다는 사랑을 받았다.

처음에 위로 뻗어나가는 곧은 줄기처럼 사부 베네딕도도 두 가지 가르침을 가지고 그들을 앞장서 걸어갔다. 말과 행동으로써 그는 삶의 모범을 통해 예수를 선포하였다. "나는 명령하기보다 봉사하기 위해 너희 가운데 있다. 나는 너희를 위해 있다."

뿌리에서부터 가장 높은 가지와 잎까지 속속들이 생기를 주며 올라가는 숨겨진 수액처럼. 그리고 땅속 깊은 곳에 있는 뿌리에 자양분을 주듯이 그의 가르침은 경외심과 천진스런 사랑으로 받아들이는 제자들의 마음 안에 생명의 원천으로서 깊이 스며들어갔다. "아빠, 아버지!"

그러나 모든 이가 하나같이 완전하지는 않다. 공동체에 있어야 할 머리가 없다면 다리가 서로 다른 방향으로 나가 참된 일치는 파괴될 것이다. 두 사람이 서로 반대되는 의견을 가진 곳에서는 그들을 따르는 이들도 멸망에 빠지게 마련이다.

이런 질서가 공동체에 필요한 것이라 할지라도 이 제도의 깊은 동기는 다른 데에 있다. 즉, 예수를 따르는 자들은 예수를 민족들 앞에서만이 아니라 형제들 앞에서도 대리하는 사람이 있다는 사실을 안다.

공 동 체

사부 베네딕도와 함께 새로 입회한 이들은 공동체를 이루었다.
"울타리 두른 동산. 봉해 둔 샘." 꽃이 핀 정원(아가 4.12).

어떤 형제는 아주 겸손하다. 어떤 형제는 어디서든지 마음과 입으로 진리를 고백한다. 어떤 이는 정결을 사랑하고 또 어떤 이는 그리스도를 따르기 위해서 자신을 완전히 버린다. 또 다른 형제는 사랑에서 결코 떠나지 않는다.
주께서 무엇이 가장 좋은 것인지를 자주 나타내 보이시는 젊은이는 모든 기적을 자신 안에 감추고 있는 꽃봉오리와도 같다. 존경을 받는 연로한 사람은 지혜로 가득 찬 만발한 꽃다발과도 같다.

다양성 안에서 이 얼마나 큰 풍요로움인가!
각자 개개인은 그의 유일함으로 존재할 뿐, 이는 하느님의 생각과 특별한 섭리의 열매이다. 각 계층은 각각 특별한 사랑과 관심을 필요로 한다.
형제들의 공동체는 양 무리가 아니다.

그들이 서로를 바라볼 때 그들은 서로에게서 배우게 된다. 서로서로 더 잘 이해하고 보충하기 위해 열성을 내게 된다. 활기찬 생활이 봉쇄구역인 작고 좁은 세상 안에서 펼쳐지고 있다. 그럼에도 불구하고 중요한 것이라면 빠진 것이 하나도 없다.

모두가 하나일 때 그 얼마나 큰 축제이냐!

온 세상

폐쇄된 정원?
그들만을 위한 작고 좁은 세상?
그러면 다른 사람들과는 어떻게?

사람들은 여기서, 그들의 삶 안에서 온 세상을 포괄하는 사회의 한 작은 부분들을 이루기 위해서 각자 안에서 어떻게 그리스도교적 생활을 잘하고 있는지 거울처럼 들여다본다.

인류는 서로 손에 손을 잡고 큰 원 안에 함께 어울린 수많은 작은 구성원들로 되어 있는 것이 아닐까?

우리 주위에 있는 형제들에게 베푸는 사랑으로 포용적인 사랑이 시작된다. 온 세상을 향해 마음을 열 수 있으려면 우선 깊은 신뢰로 가득 찬 공동체 안에 뿌리를 박고 있어야만 한다.

그러므로 우리는 마음으로부터 모든 육체적이고 성격적인 약점을 인내로이 견디어내는 사랑으로, 받기보다는 주는 것을 더 행복해하는 진정한 사랑으로, 모두 형제로서 진실히 서로서로 사랑해야 한다. 그러면 온 세상은 구원을 받게 될 것이다.
이 일이 아주 쉬운 일처럼 들리지만 이를 위해서는 많은 것을 감수해야만 한다.

질 서

이 공동체는 어떤 다른 일반 사회 조직과도 관계가 없고 모든 이가 가장 좋은 자리를 차지하려는 여행 단체와도 관계가 없다. 이 공동체는 신앙의 공동체이다.

수도 공동체는 어느 정도 같은 걸음걸이로 앞을 향해 나아간다. 모두가 같은 방향으로.
이스라엘 지파들이 계약의 궤를 둘러메고 그들을 앞서 가던 신비스런 구름을 따라 광야를 지났던 것처럼.
아빠스. 그리스도가 앞장서 걸어간다. 그리고 수도승들이 각자의 자리에서 차례대로 위엄있게 일정한 질서 안에서 뒤따라간다.

당신이 언제나 이곳에 함께 있기를 바라는 것은 그 얼마나 큰 영광인가!
이곳에서 당신의 자리를 언제나 충실하게 지켜야 하는 것은 그 얼마나 큰 책임인가!
아무도 하느님의 집에서 혼돈을 느끼거나 침울해서는 안된다.
그러므로 수도원에서 질서는 이토록 큰 의미를 가지고 있다.
모두가 그들에게 맡겨진 일을 하고 모든 물건은 제 고유의 역할과 특별한 장소가 배정되어 있고 모든 일과는 합당한 시간에 행하여진다. 규칙에 따라 잘 운영되는 공동체는 사람들이 상상할 수 있는 것보다 훨씬 더 기쁨의 생활을 할 수 있다.

외적으로. 내적으로 질서있는 생활은 평화를 가져온다.

정 주

평화는 평안을 가져온다.
방해를 받지 않는다?
갈등을 피한다?
오, 아니다!

　　　마음이 더욱 강하게 움직일 수 있도록 외적인 분주함 대신에 평안을.
　　　새로운 것을 세상의 요란한 일들 속에서 찾지 말고 네가 성령의 기쁨 안에서 순간마다 새로 탄생할 수 있는 깊은 사랑 안에서 찾으라.

　　　언제나 같은 생활 환경, 같은 집, 같은 일들, 같은 관계들, 같은 이유들, 같은 형제들의 서열 안에서, 다른 이에게로 향한 생활의 리듬 안에서, 결국 모든 것이 네 자신의 생활 안으로 흘러들어간다.
　　　모든 존재의 내면에 감추어져 있는 사랑의 근원과 일치되기 위해서 비본질적인 것의 단단한 껍질을 벗기는 것은 초보자로서 회개하고자 하는 열성에 의한 것이 아니라 여러 해 동안의 시험과 단련을 통해서 되는 것이다.

　　　형제여, 네가 한번 이 길을 선택했다면 너를 위한 다른 길은 없다. 너는 수도원의 봉쇄구역 안에서, 공동체 안에서 항구하게 형제들과 살아야만 한다.
　　　네가 만약 이 방향을 지키지 않는다면 쉽게 목적지에 이르지 못할 것이다.

서 원

"주여, 당신 말씀대로 나를 받으소서. 그러면 나는 살겠나이다. 주는 나의 희망을 어긋나게 하지 마소서."

서원하는 자는 성당에서 모든 이들 앞에서 똑똑히 이 구절을 세 번 되풀이한다.
이날부터 그는 자기 자신의 모든 것, 몸까지도 마음대로 처분할 권리가 없다.

상호간의 사랑의 선물?
그러나 고통을 치러야 하는 선물이다.
하느님은 수도승의 마음 안에 당신 외에 아무것도 차지하기를 용납하지 않는 질투하는 분이시다. 그분이 어느 마음에 거처를 삼으시면 더 이상 '나'의 자리는 없다.

"오, 놀라운 교환!"
하느님은 인간이 되심으로써 당신 자신을 선사하신다.
자기 자신을 선사하는 인간은 하느님과 같이 된다.

영원히, 영원히 지속되는 신비 가득한 변화!

죽음 혹은 생명?
생명 혹은 죽음?
하느님 홀로 아신다.
하느님과
자기 자신을 하느님께 온전히 내맡긴 수도승.

형제여! 말없이 그리고 남김없이!

성무 일도

기도석에 함께 서 있을 수 있음은 그 얼마나 복된 일인가!

사부 베네딕도가 한가운데 서 있고 수도승들은 제대를 둘러싸고 반원으로 서 있다.

"주님의 몸과 기억과 희망이 영원히 빛나는 제대. 마음, 눈, 목소리가 오직 이 제대만을 향하여 있다(Charles Péguy)."

매일 하느님께 드리는 찬송은 미사성제를 더욱 거룩하게 지낼 수 있도록 준비하는 것이 아니고 그 무엇이겠는가! 이 찬송 안에서 그리스도 안에 현존하는 모든 구원사를 새로이 살게 하고 실현하는 것이다.

모든 것을 마음에 품고 아로새긴 동정녀 마리아처럼 수도승들은 하느님의 말씀을 그들 마음에 스며들게 하고 그들 자신의 삶 안에서 실현될 때까지 깊이 되새긴다: 인간이 되신 말씀이 하늘나라의 말씀에 대한 응답이 되기까지.

"형제들이여, 하느님의 일을 위해 열성을 가지십시오!
아무것도 하느님의 일보다 더 낫게 여기지 마십시오.
순간마다가 귀합니다.
하느님은 어디든지 계십니다. 그러나 주님의 눈은 우리가 기도할 때 더욱 특별히 우리를 사랑스럽게 바라보십니다.
그러므로 우리는 시편을 기도할 때 우리의 존재와 생각이 완전히 하나가 되어 노래할 수 있도록 노력합시다."

시 편

모든 형제들 중 어린 쁠라치도는 시편 기도를 할 때 가장 큰 기쁨을 느꼈다.

그는 밤기도 후 조용한 시간에 시편을 마음에 깊이 새기면서 묵상하였다. 이렇게 철저히 준비함으로써 그는 자신 안에서 성령이 활동하시도록 하였고, 그래서 시편이 마치 호흡처럼 온전히 자기 것이 되게 하였다.

기도석에 서면 그는 사랑의 영으로 가득 차서 마음 깊은 데서부터 시편을 노래하고 그 안에서 새롭게 자신의 성소를 발견하고는 하였다.

간청하는 자의 소명, 찬미하는 자의 소명, 하느님과 당신 백성 사이에 계약의 상징으로서의 인간의 소명, 주님의 집에서 손님일 수 있는 소명. 이는 결국 그의 기도와 삶을 통해서 이 땅 위에 하느님의 나라가 오심을 증거하려는 사람들의 소명인 것이다.

그래서 수도자는 하느님과 사람들이 그를 통해서 말할 수 있도록 마음이 모든 시대와 모든 민족을 위해서 자유롭고도 개방적이어야 한다. 그는 시편을 통해서 수많은 형제들이 가졌던 신앙, 교회와 이스라엘 신앙의 수천 가지의 간청에 함께해야 한다.

어린 소년인 쁠라치도는, 이미 여러 세대에 바쳐진 기도 안에서 자양분을 섭취하고 또한 거기에 함께 한몫을 해야 하는 이 은총 속에서 열심히 시편을 되새기었다. 그러나 그는 성령의 바람에 순종하며 기도의 힘찬 파도에 넘쳐 흐르고 굽이치도록 자신을 내맡겼다.

그는 시편기도를 닥치는 대로 보는 것이 아니라 큰 기쁨으로 시의 한 편 한 편에 깊이 잠기곤 하였다. 그래서 그는 기도석에 머물면서도 각 시편에서 묘사되는 주제에 따라 잘 어울리는 생각들을 찾아내곤 하였다.

간청하는 자

간청하는 자로서의 소명 안에서 청원의 시편을 기도할 때면 그는 사람들의 모든 어려움을 담당해 본다. 즉, 박해받는 자, 비방받는 자, 포로된 자, 병자들 그리고 영육으로 고통받는 자, 이 모든 관심사들을 가지고 그는 어린이답게 소박하고 겸손하게 그리고 진실한 마음으로 아버지께로 나아간다. 어떤 청원도 어떤 하소연도 그에게는 뻔뻔스럽거나 지나친 요구로 생각되지 않았다. 예수님도 아버지께 "왜 나를 버리셨나이까?" 하며 따지지 않았던가.

하느님이 우리에게 대답을 하지 않는다는 것을 그는 잘 알고 있었다. 그러나 하느님이 인간이 되셨기 때문에 그는 하느님과 함께 인간적인 방법으로 말을 하였다.
그러므로 그는 예수와 함께 그리고 백성과 함께 하느님께 온전히 신뢰하며 편안한 마음으로 말을 할 수 있었다. 하느님께 자신을 온전히 바쳤기 때문에, 하느님께서 모든 것을 우리의 구원을 위해 인도하신다는 것을 알기 때문에 그는 가장 큰 곤궁 속에서도 감사의 기도를 바칠 수 있었다.

어린 쁠라치도는 간청하는 자로서 그 얼마나 힘든 과제를 받아들인 것인가! 각 시편마다 그는 걱정으로 가득 찬 자루를 갖고 와서 아버지 앞에 쏟아 놓았다. 그것은 세상에서 아버지께로, 아버지에게서 세상으로 오르락내리락, 들락날락 끊임없는 오고감의 반복이었다.

그는 이 모든 관심사들을 깊은 사랑과 함께 바치기 때문에 굳건히 서 있었다. 그의 간청들은 많은 말로써가 아니라 마음의 순결로써 들어 허락됨을 그는 알고 있었다.

찬송하는 자

그는 순수함과 기쁨의 거룩한 축제 분위기 속에서 찬미의 시편을 기도한다. 날마다 이 세상에 보여 주시는 하느님의 정의를 생각하면서 그가 창조주께 찬송가를 부를 때 말, 춤, 음악, 거문고, 이 모든 것으로도 넉넉지 않다.

크고 둥근 눈으로 그는 모든 자연 — 큰 나무들, 끝없는 바다, 그 안에 헤엄치는 가장 작은 물고기로부터 가장 큰 물고기에 이르기까지 모든 동물들 — 과 특히 하느님께서 만물의 영장으로 만드신 인간을 바라보고 놀라워하며 신명난다.

기도가 들어 허락되기 위해서는 어떤 형식도, 어떤 간청도 필요치 않다. 여기서는 다만 모든 것이 자유로운 찬송, 경이감, 하느님과 그의 천사들의 현존 안에서의 경배, 하느님이 하느님이시기 때문에 흠숭하고 그분이 창조하시고 언제나 그분 손 안에 떠받들고 있는 업적에 대해 감사할 뿐이다. 하느님은 마치 어머니처럼 당신 업적을 사랑하고 가장 빈약한 것까지도 안배하는 분이시다.

그토록 훌륭하고, 거룩하고 좋으신 분, 모든 것을 지혜와 사랑으로 창조하신 하느님을 찬미하기 위해 여러 시간을 보내는 가운데 그 자신의 소명을 진실되이 살아가는 어린 뽈라치도는 자신을 참된 수도승으로 느낀다.

그는 기쁜 소리로 모든 사람과 다른 모든 피조물들을 기쁘고 흥겨운 찬미 찬송에 초대하고 온 세상의 웅장한 심포니를 지휘하려고 지휘봉을 흔든다.

계약의 표징

그는 계약 시편을 기도할 때면 하느님 백성의 계약 체결을 생각하며 자신의 계약을 새롭게 한다.

정배인 교회와 함께 그는 수도서원을 할 때 오로지 하나의 사랑만을 위해 살겠노라고 맹세하였다. 그는 하느님과 계약의 백성 사이에 살아 있는 완전한 일치의 표징이 되겠노라고 약속하였다.

그러나 거듭 반복되는 — 넘어지고 일어나고, 회개하고, 앞으로 나아가고, 계약을 맺고 그 계약을 깨뜨리고, 거룩한 자인 동시에 죄인이기도 한 — 역사이다. 그러나 비록 모든 것이 인간적인 행동과 활동처럼 보일지라도 마침내는 하느님이 당신의 업적을 완성하신다. 그분은 성실하고 인자하고 동정심이 가득하고 자비로우시며 그분의 자비는 영원하시다.

어린 쁠라치도는 각 시편에서 실패한 모든 이들과 함께 그의 소명 안에서 자신을 굳건히 하려고 애쓴다. 그는 젊은 시절의 사랑으로 되돌아오는 탕자처럼 다시 충실, 인자, 온순, 지혜의 길을 갈 것을 새로이 약속한다.

복되어라, 영으로 가난한 사람들!

이 세상에서 참된 부자인 마음이 가난한 이들과 함께 행복을 느낄 수 있음은 그 얼마나 큰 기쁨인가!

그는 모든 시대의 역사를 거쳐 간 모든 민족의 이름으로 하느님의 손에 그의 손을 맡기고 화려한 결혼식 행렬 안에서 걸어간다.

오, 신비스럽고 경이로운 혼인이여!

야훼의 손님

그는 낮과 밤을 하느님 집에서 머무는 수도승으로서 초대받은 손님으로서 언제나 모든 인간적인 동경의 정점인 성전의 그늘 안에 숨을 수 있는 기쁨으로 순례 시편을 노래한다.

그의 온 존재가 자비하신 사랑의 근원 안에 받아들여지고, 잠기고, 그래서 그는 행복함에 감격한다.

그의 영혼은 주님께 대한 사랑으로 불타오른다.
나의 하느님, 하늘과 땅 위에서 당신 이외에 또 누가 있겠습니까?

가득한 평화? 네, 그렇습니다.
가장 완전한 일치? 네, 그렇습니다.
완전히 하나? 네, 그렇습니다.
상호간의 헌신에서 오는 행복? 네, 그렇습니다.

그러나 이 모든 것보다 더 이상의 것.
그는 순간마다를 통해 영원을 체험하기 시작한다.
그는 주님과 함께 살기 위해서 소유당하기 시작한다.
그는 하느님께 의탁하는 것이 좋다는 것을 느낀다.
그의 몸과 마음은 다한다 하여도 하느님이 그의 마음의 바위이시고 영원히 그의 몫임을 느낀다.

어린 쁠라치도는 그의 머리를 아버지의 품에 기대고 사랑에 굶주리고 있는 온 인류를 아버지께로 데리고 가서 많은 은총을 내리게 한다.

오시는 나라

그가 임금이신 예수님 곁에서 메시아적인 시편들을 기도할 때면 그는, 그분의 나라로 부름받은 모든 이들이 그분의 나라에서 하느님을 뵐 수 있도록 아버지 앞에서 중개자로 기도한다.

그들에게 나타날 그 나라는 이 세상의 나라와는 같지 않다는 것을 그는 잘 알고 있다. 그래서 그는 그 나라가 나타날 미래를 향하여 어서 오기를 하느님께 기도한다. 기름 바른 자, 아들이시며 인류의 머리이신 분! 그분은 참 평화를 가져오고 억눌린 자를 보호하고 도움을 호소하는 가난한 이를 구하여 주고, 약하고 아쉬운 이를 어여삐 여기시기를 빌며 그분이 지금과 영원히 모든 민족들을 당신 유산으로, 땅의 맨 끝까지 당신 소유로 받으시기를 빈다.

그러나 이는 백성들의 순전히 정신적인 변화 속에서 이루어지는 것이 아니다. 궁극적으로 백성들이 하느님 나라의 기본 법칙을 지켜야 한다.

그렇게 되기 위해서 어린 쁠라치도는 하느님과 인간을 부둥켜 안은 왕이시요, 십자가에 팔을 벌리고 못박히신 유대인의 왕이신 구원자의 십자가 곁에 부끄럼 없이 함께 선다.

그는 역설적으로 죽음으로부터 출발한 그 나라의 관심사를 위하여 훌륭한 중개자가 된다. 일치하느라고 십자가 발치 아래 선다.

일

"Ora et labora — 기도하며 일하라." 이 두 가지가 서로 균형을 잡아야 한다.

순수하게 영적인 수도승이거나 단순히 세상 일을 하는 사람이거나간에 그들은 모두 수도자로서의 실존의 의미를 지닐 수 없다.

이는 서로를 보완하고 인류의 복지를 위해서 불가피한 두 가지 삶의 형태인 것이다

"슬퍼하지 말고 일하라!" 어느 날 사부 성 베네딕도는 근심에 빠진 순진한 고트인 수도승을 보고 이렇게 말씀하셨다. 일이란 단지 공동체 전체를 위해 유익할 뿐만 아니라 개개인의 몸과 영혼을 위해서도 유익한 것이다. 아무것도 할 일이 없는 사람은 이성을 잃어버릴 위험 속에 있다. 한가함은 영혼의 원수이다.

그뿐 아니라 형제여! 우리는 일을 통해서 창조사업에 동참한다. 하느님과 인간이 창조사업에 함께 협력하기 때문이다. 그러므로 우리는 아직 시간이 있고 또한 육신이 살아 있는 동안 영원을 위해 우리에게 도움이 되는 이 모든 것을 실행해야만 한다.

우리는 하느님의 도움으로 더 나은 세상을 건설하는 이들에게 속하기를 원한다.

아무도 어떤 일을 가리켜 천하고 낮은 일이라고 말해서는 안 된다. 어떤 큰 일을 이루기 위해서 반드시 큰 성당을 지어야만 하는 것은 아니다. 들과 정원에서의 단순한 노동은 큰 업적을 이루는 일과 똑같은 가치가 있는 것이기 때문이다. 그리스도를 선포한 옛 교부들과 사도들처럼 우리도 우리 손으로 일하며 살아간다면 비로소 참된 수도승이라 할 수 있겠다.

인간의 모든 행위는 모든 것 안에서 하느님이 영광받으시도록 행해져야 한다.

순 종

모든 일은 두 가지 방법 — (자신의 뜻대로 하든가, 아니면 순종하든가) — 으로 행하여질 수 있음을 사부 성 베네딕도는 가르쳤다. 그러나 무엇을 한다는 것도 무엇을 하지 않는 것처럼 힘든 일이다. 사람은 언제나 자기 일을 자기 재량대로 처리하려고 애쓴다.

내일을 위해 생각하느라 하루를 보내는 것이 그 얼마나 어리석은 일인가! 자기 좋을 대로, 마음내키는 대로 행하지 말고 순종함으로써 생명으로 인도하는 좁은 길을 택해야 한다.

오직 하느님의 유일한 뜻만이 인류를 다스리고 있기 때문에 모든 이는 그분께로 향해야 한다. 이와 반대로 우리 내면에는 투쟁하는 두 가지 의지 — 자신의 유익만을 염두에 두는 이기적인 뜻과 자신의 유익을 찾지 않고 열성과 온유와 기쁜 마음으로 명령하는 바를 기꺼이 순종하려는 — 가 있다.

순종은 그리스도보다 아무것도 더 가치있는 것으로 여기지 않는 자가 할 수 있다. 사랑만이 진실되이 순종할 수 있게 하기 때문이다.

젊은 마오로는 이를 가장 잘 이해했다.

그는 언제나 명령받은 바를 실천할 각오가 되어 있었다.

노동? 명령하자 곧 실천했다. 그는 얼마나 많은 일을 했던가!

청소? 명령이 떨어지자 곧 실천하였다. 얼마나 재빠르게 모든 것을 깨끗하게 처리했던가!

기도? 명령이 있자 곧 실천하였다. 그 얼마나 거룩한 열정으로 기도했던가!

산책? 명령하자 곧 실천하였다. 얼마나 기쁘고 즐거운 산책이었던가!

사부 베네딕도는 말했다: "자기 삶의 중심에 자기 자신이 아니라 그리스도를 모시는 사람이야말로 참된 수도자이다. 기쁜 마음으로 신속히 순종하는 자가 내 다음의 자리에 설 것이다. 나는 그를 내 수도원의 원장으로 세울 것이다."

대 화

"제가 원장이라고요?" 젊은 마오로는 놀라며 말했다.

"그래. 나는 조금도 주저함이 없이 내 짐의 일부를 네게 맡길 수 있다. 네가 순종을 잘 할 수 있으면 너는 역시 명령도 잘 할 수 있을 것이고 다른 이의 말도 잘 들을 줄 알게 될 것이다. 모든 것은 의논하며 행하는 것이 좋다. 그러면 너는 하느님께로 인도하는 유일한 길 — 그분의 거룩한 뜻을 실천하는 — 로 나아가게 될 것이다."

'Oboedire'는 'obaudire'를 의미한다. 즉, 순종은 귀기울임이다.

"나의 아들아, 이 세상에서 가장 큰 신비는 중재자 — 그의 모든 결점과 약점에도 불구하고 인간의 입을 통해서 하느님이 말씀하시는 것 — 거룩한 중재자의 역할이다.

그것은 먼저 아빠스를 통하여 이루어진다. 너는 그의 명령에 대한 네 모든 생각을 — 네 뜻을 관철시키려는 마음 없이 — 적당한 시기에 성령의 은총으로 인내롭게 표현할 수 있다. 그러나 너는 언제나 아빠스의 결정을 따를 마음자세를 가져야 한다. 그뿐 아니라 네게 찾아오는 형제들을 통해서도 들을 줄 알아야 한다. 모든 이에게 유익한 바를 지체하지 말고 부지런히 찾아라. 그리고 그들에게 적어도 친절한 말 한 마디라도 하여라. 그것이 그들에게 가장 좋은 선물이 될 것이다.

그것은 힘든 일이다.
네 본성이 할 수 없는 일을 위하여 당신 은총을 내려 주시라고 하느님께 간청하여라. 그렇게 한다면 너는 참된 수도승이 될 것이다. 너는 죽기까지 순종하신 그리스도를 본받게 될 것이다."

시 련

하느님은 곧 베네딕도가 한 말의 진가(眞假)를 시험해 보신다.
멀지 않아 사부 베네딕도는 시련을 겪어야 했다. 자신을 굽혀 순종하고 악을 피해야만 했으니 이는 결코 쉬운 일이 아니었다.

그의 명성이 널리 알려져 있고 인간이 있는 곳에는 죄 또한 만연하기에 하느님의 종을 시기하고 그와 그의 제자들에게 가능한 한 해를 끼치려는 한 사제의 모습으로 악의 신비가 드러난다.

노력한다는 것은 힘든 일이다. 그러나 실패를 받아들이기는 더욱 힘들다. 유혹 속에서 인내하는 것은 어려운 일이다. 또한 시련의 시간에 꿋꿋이 견디어 냄은 더욱더 힘들다. 악을 악으로 갚지 않고 축복하는 것은 쉽지 않은 일이다. 그러나 그보다 자기 자신을 십자가에 못박게 하고 악을 사랑으로써 극복하고 승리하는 것은 훨씬 더 어렵다.
사부 베네딕도는 놀라 뒷걸음치지 않았다.
어느 날 밤 그는 겟쎄마니에서의 예수처럼 간절히 기도하였다: "아버지, 당신은 우리가 깨끗해지도록 금을 불 속에서 달구듯 우리를 시험하십니다. 당신은 우리 머리 위에 사람을 두셨습니다. 우리가 가는 길에서 우리의 뜻이 아니라 당신의 거룩한 뜻이 이루어지소서. 당신의 손에 우리 영혼을 맡기나이다."

어려움을 극복한 모든 사건은 성장의 원천이 되고 죽음으로부터 새 생명이 나오게 된다는 것을 그는 잘 알고 있었다. 그래서 그는 다음 날 주님의 새로운 부르심에 신뢰하며 모든 이의 선익을 위해 그의 제자들 중 몇 사람을 데리고 길을 떠났다.

몬떼가시노

그가 옛 로마의 작은 성이 세워져 있는 가시노에 온 것은 그의 나이 45세 때였다.

그의 청년시절의 보금자리였던 수비아꼬는 협소한 계곡인데 반하여 이곳 가시노는 찬란한 햇빛 속에서 창조주의 영광을 알리는 넓고 탁 트인 산이었다.

가파르지도 않고 높거나 깊지도 않은 산이어서 힘들이지 않고 올라갈 수 있다.

이곳은 협소한 동굴이 아니라 넓은 고원인데, 그 위에 유명한 이교도 사원이 솟아 있다. 베네딕도는 그것을 성당으로 바꾸어 참임금이시고 주님이신 그리스도께 바친다. 그래서 이것이 우주가 저절로 향하며 일치되는 성원이 된다.

울창한 숲과 가시덤불이 없는 밭과 길들. 사람들의 모든 수고와 걱정을 담고 있는 넓고도 기름진 가시노 평야. 이 정상에 장엄한 정신적 내성(內成)이 세워지기 전에는 그 어느 누구도 눈으로 본 적도 없고 사람의 마음이 헤아려 보지도 못했던 비옥한 평야.

죄에 물든 육체를 거슬러 싸우는 대신에 마음이 온전히 선하여 진실되이 성인이라고 부를 수 있는 이의 평화.

까마귀 친구 대신에 그리스도 안에서 진실하게 서로 사랑하며 살아가는 제자들이 있었다.

옛날 그의 명성은 인접한 동네까지 퍼졌다. 이제 그는 전 유럽과 전세계에 알려졌다.

우리가 이 생활에서 새롭게 태어나지 못한다면 우리는 부르심을 받은 가르침과 덕행의 높은 정상에까지는 결코 이르지 못하게 될 것이다.

새로운 출발

네가 어떤 좋은 일을 시작하든지간에 제일 먼저 간절한 기도로 하느님께 청하여라.

아버지, 우리는 순간마다 새롭게 시작하는 세상 — 땅거미질 때마다 하늘 위에 찬란히 빛나고 밤 하늘 높이까지 소리없이 운행하는 별들, 어둠을 이기고 매일 아침 새롭게 깨어나는 낮, 매일 아침 솟아올라 우리에게 찬란한 광채를 비추는 태양, 새 봄을 알리는 꽃망울, 해마다 여름이면 새로 길을 찾아내는 제비들, 아침마다 새롭게 그날의 일을 시작하는 도시, 저녁마다 가족들이 새로 모여드는 보금자리, 순간마다 끊임없이 새로 시작하는 사랑 — 과 함께 우리의 삶을 새로이 시작하려 합니다.

우리는 새로 시작하려 합니다. 그렇게 하지 않는다면 우리가 어떻게 삶을 지속시킬 수 있겠습니까? 이런 삶이야말로 다시는 실패하지 않기 위해 모든 사리사욕을 바위이신 그리스도께 쳐부수고 극복하는 지속적인 사랑의 시작이 아니겠습니까?

우리가 오늘을 마치 일생에 첫번째로 맞이하는 날처럼 당신과 함께 그리고 우리 모든 형제들과 함께 단호히 새로 시작한다면, 우리는 그리스도께서 친히 그렇게 하셨던 것처럼 우리의 삶과 온 세상을 변화시킬 수 있지 않겠습니까? 우리는 납처럼 물러지고 싶지 않습니다!

여기, 그들이 모두 어떻게 위를 바라보고 있는지 보십니까?
그들은 나이가 들었지만 새롭게 태어날 것입니다. 그들은 위로부터 새롭게 태어날 것입니다.

겸손: 하강

그들은 수도원 건물뿐만 아니라 새로운 공동체의 형성을 위해서 열성을 다했다.

그것은 첫 시작부터 사부 성 베네딕도의 주요 관심사였다.
"형제들이여, 겸손은 건물의 돌들을 서로 지탱시켜 주는 시멘트와 같은 것이라야 합니다.
겸손은 눈에 띄지 않게 서로를 연결시키는 가운데 다른 이에게 봉사하는 것입니다. 겸손은 사람들의 주의를 끌지 않은 채 그냥 거기 있는 것입니다. 겸손이 있는 곳에는 일치된 참된 형제애와 공동체 정신이 있습니다.
그리스도의 벌거벗음에 동참시키는 겸손은 우리 모두가 성부와 성자의 공동체 안으로 받아들여지기 위해서 높여지기 전에 자신을 낮추는 것이요, 부활하기 전에 죽는 것입니다.
겸손은 하강을 통해 가장 높은 정상까지, 모든 분열을 극복시키는 완전한 사랑에로 우리를 들어올려 줍니다. 주님은 결점과 죄에서 깨끗하여진 당신 일꾼 안에서 성령을 통해서 이 사실을 나타내 보이실 것입니다.

그러므로 형제들이여! 우리가 이 세상 삶에서 도달해야 하는 겸손의 높은 정점을 향해 나아갈 때에만 우리는 참된 공동체를 형성하게 될 것입니다.
진실로 마음이 겸손해졌다면 주님은 우리 삶이 그분과 함께 또 성인들과 함께 완전한 일치에 이르기까지 하늘로 향하게 할 것입니다."

겸손: 상승

겸손의 정상에 이르는 데 필요한 열두 단계를 지닌 사다리를 만들어야겠다.

첫째 단계: 하느님이 언제나 하늘로부터 우리를 내려다보고 계시므로 순간마다 눈을 하느님께로 향하고 있어야 한다. 순결한 마음을 지킨다.

둘째 단계: 우리를 수도원으로 불러 주신 그분의 뜻보다 자신의 욕망과 뜻을 더 좋아하지 않는다.

셋째 단계: 죽기까지 모든 것 안에서 순종한다.

넷째 단계: 시험중에도 강하고 인내롭게 그리고 기쁘게 견디어 내며 결코 실망하지 않는다.

다섯째 단계: 자기 잘못을 인정하며 소심하여 감추지 않는다.

여섯째 단계: 언제나 그리고 어디서나 만족한다.

일곱째 단계: 자신을 죄인으로 인식하기 때문에 좌절하지 않고 거기서부터 좋은 것이 생길 수 있음을 생각한다.

여덟째 단계: 몸과 마음과 영혼을 다해 공동생활을 따른다.

아홉째 단계: 심사숙고하여 말한다.

열째 단계: 어리석은 웃음을 웃지 않고 성숙하고 절도있게 행동한다.

열한째 단계: 온화하고 진지하며, 간결하고도 이치에 맞는 말을 한다.

열두째 단계: 내·외적으로 체득한 겸손을 마음과 행동으로 드러낸다.

우리가 땅에서 시작하여 하늘까지 올라간 야곱의 사다리처럼 이 사다리의 모든 단계를 올라간다면 우리는 '덕행'에서가 아니라 '습관'으로 말미암아 아주 좋은 사람, 스스로 용감하게 위로 올라가며 온 세상과 더불어 순례하는 사람이 될 것이다. 여러분은 인류의 상승을 위해 이보다 더 좋은 방법을 알고 있는가?

육체적 도구와 정신적 도구들

모든 건축에는 외면과 내면이 존재한다. 어느 한쪽의 건축에만 치중한다면 건물은 무너진다. 돌과 시멘트뿐 아니라 그밖의 다른 여러 도구들도 필요하다.

영원의 한 토막처럼, 가난하고 죄스런 마음 안에 자리하는 전적인 사랑으로 먼저 사랑하라. 이 사랑은 이 세상에서 인간을 변화시키는 위대한 힘이다.

사랑하는 데 방해가 되는 모든 것으로부터 자신을 자유롭게 하기 위해 육신과 영혼이 보속을 해야 한다. 육체는 탐식, 게으름, 말하기를 좋아하는 것을 피하고, 영혼은 불평, 간계, 질투, 잘난 체함, 분노를 멀리해야 한다.

이렇게 육체와 영혼은 서로를 보완하려고 준비되어 있다: 자기 훈련을 쌓는 사람은 헐벗은 이를 입혀 주고, 병자를 방문하고, 시련중에 있는 사람을 도와 준다. 깨어 있는 보초처럼 형제들을 기쁘게 해주려고 마음을 쓰는 이는 후배를 사랑하고, 선배들을 존경하고, 슬퍼하는 자를 위로하고, 자기에게 해주기를 바라는 것처럼 다른 모든 이에게 행한다.

이것들은 곧 육체적인 도구요 정신적인 도구들이다. 육체적인 것은 정신에 봉사하고, 육체에 생기를 주는 정신적인 것은 모든 노예살이로부터 육체를 해방시킨다.

형제들이여, 육체와 정신, 외적인 것과 내적인 것이 어떻게 조화를 이루는지, 어떻게 서로를 풍요롭게 하고 보완하는지 보라! 이것이 가장 인간다운 일이다.

수도원의 성당

성당은 영혼을 양육하는 곳이다. 성당은 건물 전체의 구심점이며 그 건물 안에 살고 있는 수도승들의 삶을 크게 좌우한다. 그러므로 성당은 손님을 맞는 객실과 수도원 사이에 봉쇄구역의 '외부'와 '내부' 사이에 위치하고 있다. 외부에서 내부로, 즉 안에서 밖으로의 모든 연결은 그리스도를 통해서 이루어진다. 이는 불가결한 기본 조건이다. 그렇지 않다면 수도원에 산다는 것이 더 이상 무슨 의미가 있겠는가!

성당은 수도생활과 그리스도인의 생활의 구심점일 뿐 아니라 "성사의 신비스런 확장을 통해서 완전하게 완성되는 세상의 구심점이다"(Teilhard de Chardin).

해 뜨는 데서부터 해 지는 데까지 종각 위에 팔을 뻗고 있는 십자가가 보이지 않는가?

성당은 모든 것을 고요, 집중, 기도, 사랑에로 초대한다.

실제 수도승들이 주님께 성전을 봉헌하는 것이 아니라 하느님이 그들에게 집을 마련하신 것이다. 하느님이 그들을 한 공동체로 모으셨고 그들에게 자녀 정신을 넣어 주셨고 주님과 함께 한몸이 되게 하기 위해 날마다 그들에게 당신 외아들을 주셨다.

그러므로 그들이 지은 것은 그들 자신이나 온 우주보다 위대하지 못하다. 성전은 모든 것을 사랑 안에 일치시키는 예수의 영이신 부활하신 그리스도의 몸이기 때문이다.

존귀한 형제들이여, 우리는 여기서 눈물과 함께 마음의 열정을 지니고 기도할 수밖에 없지 않은가?

우리가 이 돌과 건물을 보면서 경탄한다면 우리가 마땅히 도달해야 할 우리들이 되도록 노력해야 하지 않겠는가!

식 당

반면에 식당에서는 육신을 양육한다.
둘씩 짝지어 수도승들은 기도석으로부터 식당으로 간다.

수도원 안에서는 모든 것이 일정한 예절을 따라 행하여진다. 삶 전체가 성찬이며, 성찬은 또한 삶 전체이고 식사 시간은 또 다른 감사 축제이다. 정신에는 육신이 속하며 이 결합에서부터 밤낮으로 예물이 준비된다.

이렇게 수도승들이 식당에서 일상적인 식사를 하며 동시에 정신도 양육된다. 형제들의 식탁에서는 독서가 빠져서는 안된다. 제대 앞에서처럼 여기서도 하느님의 말씀이 감각으로 받아들여져 육신 안에 스며들고 새 인간으로 변화시키는 생명을 주는 음식이 된다.

이러한 큰 의미를 지니기 때문에 기도석에뿐만 아니라 식사 시간에도 늦게 와서는 안된다. 이는 결코 무시할 수 없는 가치를 지닌 공동생활의 중요한 요소이다.

사랑하는 형제들에게 마지막으로 권고하고 싶은 것은 무절제로써 마음을 무겁게 만들지 않도록 유의해야 한다는 것이다.
과식한 몸은 변화될 수 없다. 그러나 당신이 지나치게 많이 먹을 때와 마찬가지로 지나치게 금식을 한다면 역시 당신은 무절제의 노예가 될 것이다.

손님 환대

수도원의 식사는 특별한 성격을 지니고 있다. 모든 이에게 개방되어 있다. 무엇보다 인도까지 순례의 길을 찾아나서지 않고도 하느님을 찾으려고, 안정을 얻으려고, 하느님을 만나고, 평화를 누리려고 이 세상 길을 순례하는 가난한 이들에게 개방되어 있다.

"형제들이여, 어서 오십시오!" 하고 문지기 빈첸시오 형제는 지혜와 하느님을 두려워하는 마음으로 말하였다. 수도원의 평화와 질서가 방해되지 않도록 사랑 가득하면서도 신중하게 손님을 맞이한다. 일상생활의 성급함을 멀리한 이곳에서는 세상살이의 리듬이 멈추고 하느님의 리듬이 시작되며, 시간의 리듬이 끝나고 영원의 리듬이 시작된다.

"형제들이여, 지나쳐 가지 말고 들어오십시오! 여러분이 원한다면 우리는 함께 기도하고 묵상하며 사람들이 흔히 행하는 것과는 다른, 사물의 참된 가치를 찾을 수 있습니다. 우리 모두 영원하고 거룩한 가치들을 따라 삽시다. 그러면 믿음, 일치, 사랑, 충실, 인류 발전을 위한 염려 안에서의 삶과 그 의미를 잃어버리거나, 이 세상과 더불어 지나가 버리고 말 가치들을 첫자리에 두지는 않게 될 것입니다."

"안으로 들어오십시오. 형제들이여, 우리는 당신들의 발을 씻기지 않고 손에 입을 맞추지도 않습니다. 우리는 당신들 앞에 무릎을 꿇지도 않습니다. 그러나 우리가 온갖 경외심과 깊은 존경으로 여러분을 맞이한다면 우리가 영접하는 당신들 안에 계신 주님을 환대하는 것입니다. 미사성제 안에 그리스도가 현존하셨던 것처럼 당신들은 다시 인간의 모습을 취하신 형제 그리스도로서 우리 식탁에 함께 있을 것입니다."

봉 사

"우리 삶은 우리가 두 발로 서 있듯이 봉사의 정신과 기도의 정신, 두 기초를 가지고 있습니다"라고 사부 베네딕도는 공손하게 손님들에게 말했다. "한쪽에 치우쳐서는 안됩니다. 계속 봉사만 해도 안되고 계속 묵상만 해도 안됩니다. 언제나 받아도 안되며 언제나 주어도 안됩니다. 하느님의 집에서 조화롭게 모든 것이 절도있고, 지혜롭게 행하며 지혜로운 자들로부터 관리되어야 합니다."

"우리가 여러분에게 겸손되이 하는 봉사와 우리들 서로간에 하는 봉사는 하느님께서 원하시는 대로 해야 합니다. 그러므로 우리는 '사심없음'이란 특성에 가치를 두어야 한다고 믿습니다. 보상을 생각하며 봉사해서는 안됩니다.
가장 중요한 봉사뿐 아니라 드러나지 않는 봉사에 이르기까지 지체함이나 불평 없이 뜨거운 사랑의 열성으로 행할 수 있도록 마음의 준비를 합시다.
가장 유명한 형제뿐 아니라 가장 미소한 형제에게도 똑같은 마음으로 대합시다.
기쁜 날처럼 기분이 좋지 않은 날에도 똑같은 마음으로 서로에게 봉사합시다.
모든 이에게 똑같은 사랑으로 대합시다. 당신이 누구의 감정을 건드려 그가 당신을 기분 나쁘게 취급한다고 속상해하지 마십시오. 어떤 것도 당신의 관용의 결과라고 착각하지도 마십시오. 그보다 주님의 가르침대로 이렇게 말하십시오. 우리는 무익한 종입니다. 우리는 그저 해야 할 의무를 다할 따름입니다."

이렇게 수도원 안에 있든지 밖에 있든지 사람들에게 봉사하면 선교사가 된다. 예수께서는 네가 한 형제에게 베푼 것은 곧 내게 한 것이라고 말씀하셨다.

침 방

수도자는 그의 침방에서 기도하기 위해 무릎을 꿇을 수 있을 때 기쁨을 느낀다. 그는 하느님의 영이 깃든 이 축복된 작은 공간에서 새로운 힘을 얻곤 한다. 시간마저도 멈추어 서는 듯한 평화의 오아시스에서 잠시의 순간도 하느님과의 친교와 깊은 관상에 빠지기 때문에 무한한 가치를 지닌다.

홀로? 갇혀 있는가?
아니다. 세계를 포용하고 있다.
여기서 수도승은 세상의 모든 형제들과의 밀접한 관련 속에서 그들을 위해 기도를 드린다. 힘겹고 드러나지 않는 노동으로 사회에 봉사하고 있는 사람뿐만 아니라 고귀한 마음으로 인류의 복지에 이바지하고 있는 모든 이와 함께하고 있다.

그뿐 아니라 수도승은 세상을 두루 다니며 방황하는 자들, 죄인들, 잃어버린 아들들과 같은 나약한 형제들과도 가까이 있다. 그 자신도 한 사람의 죄인이다.

수도승들은 심부름꾼으로서 마음에서 우러나는 사랑을 그들에게 주며 가까이 있다고 생각하는 모든 형제들 — 좋은 것이든 나쁜 것이든 있는 그대로 — 과 자신을 천상 아버지께 드린다.

그것 역시 새로운 행동을 할 수 있도록 거듭 위안과 내적 힘이 흘러나오게 하는 대단히 중요한 활동인 것이다.
주님께 대한 기쁨이 곧 그의 힘이다.

동 정 성

침방이 수도승에게 있어 내적인 정신집중을 위한 장소이며 하느님과의 만남의 장소이듯, 동정성은 그 사랑에 의미를 부여하는 영혼의 거실이다. 동정성은 온 인격이 마음의 순결 안에서 바치는 사랑의 헌신이요 선물이다.

눈은 오로지 신적인 빛의 영광을 위해서, 입은 오직 거룩하고 좋은 대화를 하기 위해서 사용한다. 의지는 모든 것 안에서 하느님의 마음에 들도록 열려 있고 그분 앞에 깨끗하고 흠없이 서 있기만을 갈망하는 것 외에 다른 원의는 없다. 손은 죄로 물들지 않는다. 부서지고 낮추인 마음과 눈물로써 과거의 죄들을 고백하며 앞으로의 삶을 개선할 것을 결심한다.

동정성은 사랑하는 사람이 애인에게 바치는 귀중한 선물이다. 다시 말해서 아무것도 남김 없는 온전한, 완전한 헌신인 것이다. 무엇을 행하고 행하지 말아야 하는지를 언제나 깨어 지키며 그릇된 돌출구를 찾지 않는다. 하느님이 우리를 사랑하셨듯이 하느님과 형제들을 끝까지 철저하게 사랑한다. 미온적이고 어중간한 사랑을 몰아낸다.

동정성은 마음으로뿐만 아니라 겉으로도 드러난다. 육신과 영혼이 일치되어 주님께 봉사하기 때문이다.

어떤 이는, 그것은 성인에게만 가능한 것이라고 말할 것이다. 또 어떤 이는, 그것은 수도승의 신분에 있는 사람들만이 지킬 수 있는 것이라 말할 것이다.

확실히 그렇다. 그렇지만 좋은 뜻을 가진 사람이라면 그가 어떤 위치에 있든지 헌신적으로 사랑하도록 힘써야만 한다.

충실

몇 날?
몇 달?
몇 년?

  진지한 마음으로 무엇인가를 행하고자 하면 당신은 항상 같은 방향에로 — 언제나 앞을 향하여 — 나아감을 느끼게 될 것이다. 일생 동안 한 방향으로.

  승리에 대한 격렬한 갈망에서 바다를 가로지른 영웅에게는 배를 불태워 버리고 모든 것을 뒤로 남겨둔 채 앞을 향해 서두르는 것 외에는 다른 할 일이 없다. 선택을 한 사람에게는 한번 발을 내딛기 시작한 그 길에서 끝까지 충실하는 것만이 그가 지녀야 할 유일한 자세일 것이다.

  그때부터 당신은 심사숙고한 후 자유롭게 받아들인 멍에를 짊어지는 것밖에는 다른 도리가 없다. 충실은 당신을 사로잡은 그분께 신뢰하는 것 외에 다른 모든 의무에서부터 자유롭게 한다. 그것은 언제나 당신을 묶고 있는 사슬이지만 더욱 당신을 자유롭게 한다. 충실은 당신을 다스린다. 쟁기에 손을 얹고 가만히 서서 뒤를 돌아볼 수 없다. 우리는 장님이며 시야가 좁아서 결코 모든 것을 앞질러 볼 수 없기 때문에 어둠 속에서 더듬거린다. 당신은 미래를 향해 뛰어들어야 한다.

  충실은 현재만이 아니라 미래를 위해, 오늘만이 아니라 내일을 위해 시대의 냉철한 요청 안에서, 흔들림이 없는 낙천주의 안에서, 신뢰하는 희망 안에서 많은 용기가 필요하다.

  참된 사랑은 결코 지칠 줄 모른다.

  그러나 당신이 이에 대한 확신을 가지려면 여러 해가 요구된다. 오직 일상의 충실 안에서만 당신은 충실의 참 의미를 체험하게 될 것이다.

성서 읽기

누구에게 충실?
무엇에 충실?

사부 성 베네딕도는 기회가 좋든지 나쁘든지 이 점을 강조해 왔다: 변화되는 제도나 시대에 쉽게 뒤지게 되는 규정에 충실할 것이 아니다. 규칙들은 다만 시작을 위해서 제정된 것이기 때문이다. 오히려 하느님을 찾는 일에 충실해야 한다. 무엇보다 우리는 끊임없이 잠에서 깨어 일어나기를 충고하는 성서를 묵상해야 한다. 구약성서와 신약성서의 각 페이지가 인간의 삶을 위한 올바른 규범이 아니고 무엇이겠는가! 하느님에 대해서 우리는 결코 종착점에 이를 수 없다.

콘스탄씨오 형제는 겸손한 마음과 정성을 다해 독서에 전념했다. 그에게 있어서 성서는 세 가지 서로 다른 차원을 가지고 있다. 유대 백성의 차원, 예수의 차원 그리고 교회의 차원. 먼저 사건의 출발점은 시대와 장소에 따라 규정된다. 그리고 자의를 해석한다. 그 다음 지금의 그리스도교 삶에 적용한다. 이것은 균형을 잡아야 하는 거룩한 세 개의 차원이다.

사람이 인도되어 걸어가게 될 길들에 대해 이스라엘 백성과 함께 깊이 생각하노라면 그는 야훼께서 앞서가고 계심을 깨닫는다.

그가 예수와 함께 사건들을 깊이 이해할 수 있는 열쇠를 발견하면 그리스도는 그 사람 안에 살고 계시며 그의 마음의 눈을 밝혀 주신다.

그리고 그가 교회와 함께 모든 과거를 자신과 이웃에게 생생하게, 시대에 알맞게 적용할 때 그는 하느님의 뜻에 따라 자기를 인도하시는 성령의 바람에 사로잡힌다.

하느님의 심오한 신비 안에서 그는 하느님을 찾는 심오한 신비를 체험한다. 이렇게 행하는 중에 그는 더 많은 것을 찾게 될 것이다.

복 음 서

그의 정신이 약해지고 어떤 악을 피하는 데 도움이 되지 못하고 가르침조차 회심하는 데 도움이 되지 못할 때 그는 열성을 다해 성서를 읽는다.. 성서가 그를 구제한다. 그리스도는 그의 생명이다.

마르코 복음서에 묘사된 하느님의 아들이신 예수를 바라보면 그는 신앙 안에서 힘을 얻는다. 우리가 그분을 진실히 찾기 위해서 우리가 이해하는 것보다 훨씬 더 훌륭한 분이심을 알고 그분의 부활의 영광에 참여하기 위해서 우리는 두려움 없이 죽기까지 그분을 따를 수 있다는 것을, 알기 위해서 대답보다는 질문을 더 많이 하는 예수를 본다.

그는 루가가 묘사하고 있는 예수와 친숙해진다. 그분은 유력한 이들과 목동들에게, 부녀자들과 어린이들에게, 죄인들에게, 도둑과 폭도들에게 강하고도 자상한, 겸손하면서도 도량이 넓은 친구이시다. 그분은 우리가 그분과 함께 예루살렘을 향하여 하늘나라로 갈 때 우리 마음을 뜨겁게 하는 친구이시다.

그는 마태오 복음에 따라 선한 스승, 선생의 가르침을 받는 제자가 된다. 예수는 그분을 따르는 것이 무엇을 의미하는 것인지 알아듣도록 그의 말씀 안으로 우리를 가까이 인도하신다: 온유하고 자비한 마음, 깨끗한 마음, 평화를 조성하고 우리를 박해하는 자들을 사랑하는 것, 이 얼마나 영웅적인 용기인가! 우리 천상 아버지의 나라로 가는 데 이보다 더 좋은 프로그램이 있을까?

요한이 이야기하는 표징들 속에서 그는 예수의 가슴에 기대어 사랑받던 제자의 마음에 스며든 말씀 안에 깊이 잠긴다. 우리도 영적인 눈으로 바라볼 수 있도록 이제 그는 우리에게 그의 영광 안에서 그것을 보여 주고 있다.

복음을 읽는 콘스탄씨오 수사를 보면 그가 흔들리지 않고 충실히 살아 갈 것이 쉽게 믿어진다.

봉쇄 구역

동정성을 잘 지키며 관상생활을 끈기있게 실행하고 복음의 길 따라 하느님을 끊임없이 찾기에는 알맞은 틀이 필요하다.

수도원 안에서는 사랑의 성장에 도움이 되지 않는 무절제한 웃음이나 쓸데없는 말들을 삼갈 것이다. 자신에게나 타인에게 해가 되는 분심을 찾지 말고 손님들이나 방문객들을 돌볼 책임을 명령받지 않았으면 그들과 더불어 시간을 낭비하지 말 것이며 필요없이 밖에 돌아다니지 말 것이다.

수도원 안에서는 모든 것이 하느님과의 만남으로 이어져야 한다.
그분의 현존 안에서 기쁨을 가득히 안고 산다.
그분 외에 다른 어떤 것도 갈망하지 않는다.
그분 안에서 모든 행복을 찾는다.
생명보다 나은 그분의 사랑을 갈망한다.
그분의 빛 안에서 빛을 바라본다.
구원의 샘에서 기쁘게 물을 퍼낸다.

그러므로 봉쇄구역은 차단된 벽도, 감옥도 아니다. 우리에게 모든 보물 중 가장 훌륭한 보물을 주는 바윗돌 속에서 파낸 깊은 우물이다. 생수가 용솟음치는 깊은 그 우물은 바로 그리스도, 주님 자신이시다. 그 우물에서 솟아나는 물은 생명수이신 주 그리스도 자신이다.

가 난

다른 사람보다 빼어난 사람들을 위한 철저히 차단된 삶인가?

사부 성 베네딕도는 이 삶을 오히려 영적으로 가난한 사람들의 삶 — 자신의 죄를 알고 개인의 성소를 완전히 그리고 온전히 살기 위한 방법을 필요로 하는 사람 — 으로 보았다. 영적으로 가난한 사람들은 인간관계, 주위 환경과 장소로부터 이탈하여 사는 것뿐만 아니라 내적으로 항상 더 큰 가난과 벌거벗음으로 인도하는 포기를 통해서 모든 애착으로부터 마음이 자유로워진다.

그러므로 욕심을 뿌리째 뽑아 버려야 할 것이다. 누구든지 바늘이나, 책, 서판, 어떤 것도 자기 것이라고 해서는 안된다. 어떤 것도 개인의 소유로 가지지 못함은 모든 것이 모든 이에게 공동소유가 되어야 하기 때문이다. 수도승은 초대 그리스도인들이 모든 것을 공동소유로 한 것처럼 그리스도께 자신의 몸과 뜻까지도 다 바침으로써 가난하게 되고 그들의 전 희망을 하느님께 둘 수 있다. 필요한 모든 것을 각자에게 아버지처럼 주시는 하느님과 아빠스께 의존하는 것이다.

그러므로 가난이란 아무것도 가지지 않는 것뿐만 아니라 아무것도 줄 수 없음을 말한다.

아무것도 줄 수 없는 것뿐만 아니라 아무것도 소유하지 않음을 말한다.

아무것도 소유하지 않는 것뿐만 아니라 물질적인 것이나 정신적인 것, 즉 아무것도 임의로 처분할 수 없음을 말한다.

여러분은 철저한 가난을 상상할 수 있겠는가?

그러므로 수도승들은 빈손, 열린 손을 가지고 있어서 무엇인가 빼앗길까 두려워하지 않는다.

영적 지도

하느님께서는 야훼의 가난한 자들 — 하느님께 자신을 온전히 내맡기고 그분이 특별한 사랑으로 그의 길을 염려하신다는 것을 고백하는 이들 — 을 받아들이고 그분의 거룩한 이름 때문에 그들의 발걸음을 인도하신다.

독수리가 날개를 펴고 새끼를 업듯이 주님은 그들을 당신 그늘 아래 보호해 주시고 당신 날개 아래 숨겨 주신다. 그분은 양을 어깨에 멘 목자처럼 그들을 당신 어깨 위에 조심스레 올려 놓으신다. 그 누구도 그분을 도울 수 없다.

수도승의 아버지 베네딕도는 이와같이 애정이 가득한 지도자를 아빠스라고 불렀다. 그는 우리들 중의 한 형제로서 우리와 함께 우리 자신의 개별적인 소명을 알아내는 사람이다.

새로 태어나기 위해서는 영적 스승이 있어야 한다. 우리가 여러 스승으로부터 가르침을 받는다 하더라도 영적 스승은 오직 유일하게 한 분을 가지고 있어야 한다.

그러므로 자신의 십자가와 형제들의 십자가를 짊어지고 결점으로부터 자신을 정화시키며 다른 이들의 교정을 도와 주는 경험 많은 선배 영적 지도자가 없는 수도승 생활이란 생각할 수 없다.

자기 자신의 약점과 죄처럼 자신을 짓누르는 것은 아무것도 없다. 이것을 인정하는 만큼 그는 쉽게 회개할 수 있는 힘을 얻을 수 있다. 동시에 그는 잃어버린 자를 구원하기 위해 죽으신 그리스도의 수난에 동참할 수 있는 힘을 얻을 수 있다.

함께 나누는 고통은 더 쉽게 극복될 수 있듯이, 루페르또 수사도 아빠스와 함께 대화를 나누었을 때 다시 마음의 평안과 기쁨을 가질 수 있었다.

살아 있는 규칙

어느 날 사부 베네딕도는 규칙서를 써야겠다고 결심했다. 그는 그의 뒤를 이어 수도원에 입회하려는 형제들에게 도움을 주고 봉사하고자 자신이 훈련한 것과 실제로 체험한 것들을 가르치고자 하였다. 많은 이들의 도움으로 싸우는 법을 배우려는 형제들을 생각한 것이다.

그는 인간과 시대의 발전을 전제로 하여 살아 있는 규칙서를 쓰려 하였다. 그는 자신에게 이렇게 말했다: 내가 단순히 법들을 모아 나열한다면 아무도 찾지 않고 읽혀지지도 않은 채 문서고에서 먼지만 쌓이게 되거나 그 규칙을 지키려는 사람들의 마음을 무겁게 만들 것이다.

나는 공동체 생활에 있어서 사랑을 규칙의 중심에 두려고 한다. 자신의 이익을 찾기보다는 공동선을 우선으로 하여 서로간에 기쁘게 순종하는 형제들. 참 아버지로서 형제들의 진실하고 겸손한 사랑을 받는 아빠스. 모든 것을 공정과 의로움으로 관리하는 아버지.

그는 또 자신에게 말했다. 모든 것에 합당한 기초는 사랑이다. 강한 자들은 그들이 원하는 것을 여기서 찾게 될 것이고 약한 자들은 놀라지 않을 것이다.
사랑은 우리가 이 세상에서 사는 동안. 분투 노력해야 할 가장 좋은 몫이다.

세상을 분열시키는 법

붕괴되어 가고 있던 로마 제국의 고관들이 이 소식을 듣자 대단히 흥분하였다.

"우리의 법들은 결코 사랑을 내세우지 않기 때문에 무가치한 것이 되고 말 것이다. 우리의 법들은 비록 권리를 옹호할지는 모르나 사랑의 위대한 힘을 따라가지 못할 것이다."

"우리는 명령할 수 있는 것들을 규범에 따라 백성들을 다스린다. 그러나 내적인 지도와 참된 인간관계는 우리 마음대로 할 수 없는 것이다."

"우리가 근본적인 것을 찾지 못하기 때문에 우리의 법들은 종종 혼란과 불화를 조장시킨다."

"그러니 우리는 체살에게 이것을 알려야 하겠다. 베네딕도가 쓴 이 책이 널리 보급되어서는 안된다. 이 책은 온 사회를 발칵 뒤집어 놓을지도 모른다. 그리고 우리의 동맹국들을 갈라 놓을지도 모른다."

그들은 옳았다.

건전한 가정의 기초 위에서 사랑의 생활은 인류에게 구원을 가져다 줄 수 있는 유일한 힘이다. 그러므로 이런 삶은 오직 다가오는 세상의 표징만도 아니요 모험적인 환상만도 아니다. 이 삶은 행복에로 인도하는 길을 예언자적인 방식으로 증거하는 것이다.

꿈같은 희망이다. 유토피아다. 그렇다. 그러나 그것은 예수님이 가르친 유토피아요, 베네딕도, 프란치스꼬, 요한 23세와 마틴 루터 킹 같은 훌륭한 분들이 언제나 동경했던 유토피아. 그들이 세상에 새로운 희망을 가져다 준 유토피아다.

사랑의 법

훌륭한 교황 실베리오는 손에 이 책을 받아들고서 그의 비서에게 이같이 말하였다.

"이 규칙은 복음의 심장 안에 있습니다. 계시의 정점은 바로 하느님은 우리의 아버지이시요 사랑이신 분이라는 것, 그리고 우리 모두는 형제들이기 때문에 서로 사랑해야 한다는 데 있습니다."

이 말을 들은 그의 비서는 존경심과 겸손을 다해 이같이 대답하였다.

"우리의 모든 행동에 그리스도교적인 사랑이 중심에 자리한다면 우리는 우리들의 복잡다단한 생활 속에서도 모든 분열을 막게 되리라 믿습니다. 참으로 사람들의 마음 안에 그리고 온 우주 안에 침투될 수 있는 유일한 법은 바로 사랑의 법일 것입니다. 어떤 상황에서라도 사랑을 실천할 때 분열을 조장하는 모든 종류의 노예적인 억압에서부터 자유롭게 되어 자신의 내면의 길을 갈 수 있게 됩니다."

"과연 그렇습니다." 교황은 그의 비서가 올바로 이해한 것을 보고 대단히 기뻐하면서 그의 말에 동감하였다. "사랑의 행동보다 더 그리스도적인 것은 아무것도 없습니다. 성 아우구스티누스가 말한 것과 같이 사랑을 실천하는 이는 언제나 그분의 뜻을 실천할 수 있습니다. '사랑하십시오! 그리고 당신이 원하는 것을 행하십시오!' 이 말은 곧 사랑의 계명을 지키라는 것이 아니고 무슨 말이겠습니까!"

결코 끊이지 않는 사랑

어릴 때부터 하느님께 자신을 봉헌한 여동생 스콜라스티카는 일 년에 한 번 그의 오빠 사부 베네딕도를 방문하였다. 이번 만남은 그 어느 때보다 깊고 영적인 것이었다. 그들은 사랑에 대하여 이야기를 나누었다.

솔직하고 겸손하며 인자하고 자비하기 때문에 수많은 죄들을 덮어 주는 사랑에 대해. 사랑은 다른 어떤 선물보다도 위대하다. 우리가 세상의 모든 금이라도 사랑에 비하면 아무것도 아니다.

죽음과 생명보다 더 강한 사랑에 대해서. 이 세상의 모든 형태가 지나가 버릴지라도 우리가 사랑한다면 사랑은 영원히 머무는 것이며 더 훌륭한 다른 세상을 만들어 준다. 사랑으로써 우리는 물질마저 영원케 한다.

사랑 자체이신 하느님의 사랑에 대해서. 그분의 사랑은 우리 인간성 안에서 반사되며 우리가 약할지라도 그분의 순결하고 빛나는 영광 안에 우리를 받아들인다. 거기서 우리는 영원히 그분의 업적을 찬미할 것이다.

갑자기 동생 스콜라스티카는 울기 시작하였다.

"사랑하는 오빠, 나는 오빠의 마지막 말씀을 듣고 싶어요. 나는 병들었고 이제 죽을 때가 다 되었다는 것을 느낍니다. 나는 내 영혼이 사랑하는 이를 만났습니다. 나는 잠들었지만 내 마음은 깨어 있었습니다. 이제 그분이 문을 두드립니다. 그래서 나는 그분께 문을 열어 드리려고 합니다. 많은 물도 사랑을 끌 수는 없습니다."

사흘 후 (2월의 추운 겨울밤) 베네딕도는 동생 스콜라스티카가 죽음을 맞이하고 있을 때 하얀 비둘기가 별이 빛나는 하늘로 날아가는 것을 보았다. 그녀를 먼저 사랑하신 하느님께서 언제나 사랑이신 당신의 팔에 그를 받아들이셨다.

평화의 비전

하느님은 당신의 인자한 섭리로 깊은 관계를 갖고 살았던 형제들을 죽음으로 말미암아 갈라놓지 않게 하셨다.

때는 3월이었다. 사부 베네딕도는 모든 형제들을 불러 모아 이렇게 말했다. "내 생애는 이제 다하고, 마지막 날이 다가오고 있습니다. 그래서 이제 나는 곧 하늘나라로 갈 것이라고 믿습니다. 나는 여러분에게 이 세상에서 가장 귀중한 보화를 남겨 주고 싶습니다. 그것은 곧 그리스도의 평화입니다.

자기 자신과 형제들의 육체적이고 성격적인 약점들을 인내롭게 견디어 낼 수 있는 좋은 열정으로 가득 찬 평화를.

아무 어려움도 없는 순종과 겸손의 생활로 이끄는 큰 사랑을 결실로 맺는 좋은 열정으로 가득한 평화를.

수도승이 온 마음으로 하느님의 계명의 길을 달릴 수 있고 죽기까지 수도원 안에 머물며 또한 하느님 나라의 동거인이 될 수 있게 하는 좋은 열정으로 가득 찬 평화를.

하늘나라를 동경하는 우리와 모든 인간을, 우리와 또 우리와 함께 새로운 탄생을 향해 가고 있는 모든 창조물과 함께, 우리 모두를 영원한 생명으로 인도하는 부활하신 주님, 그리스도의 기쁨과 평화를.

이 세상 모든 것을 무의미하고 보잘것없이 보이게 하는 전능하신 창조주의 평화를.

생명의 빛, 진리의 빛, 영원의 빛, 형언할 길 없는 유일한 빛으로 온 세상을 포괄하는 평화를."

죽 음

사부 베네딕도는 형제들의 부축을 받으며 가장 숭고한 예배인 마지막 서원식을 거행하려고 기도석으로 인도되었다. 사실 죽음은 수도승이 바칠 수 있는 가장 거룩한 흠숭의 전례이다.

    때는 547년 성 목요일이었다.

    그는 제대 앞에 서서 기도하였다:

주 예수님.
지금이 만남의 순간이요
거룩한 성체를 모시는 순간이며
마지막에 이르기까지 사랑의 순간입니다.

이제부터 나는 당신처럼 될 것입니다.
나는 완전하게 영원히 참된 수도승이 될 것입니다.
나는 언제나 살 것이고, 이 세상을 위해서 간구할 것입니다.

오늘이 바로
당신이 내게 당신의 몸과 피를
선사하신 날입니다.
나는 당신께 내 가련한 육신을 드립니다.

당신 말씀대로 나를 받으소서.
그러면 나는 살겠나이다.
나의 희망을 어긋나게 하지 마소서.
오소서, 주 예수님. 아멘.

    이 말을 마치자 사부 성 베네딕도는 이 세상을 떠났다. 그는 하느님 나라에서 영원한 성 목요일의 만찬에 함께 자리를 하였다.

사부 성 베네딕도의 길

이 길은 주님으로부터 사랑을 받은
베네딕도가 걸어간 길이요
우리 또한 걸어가야 할 것을 가르친 길이다.
이 길은 오늘날
우리 세상의 삶과는 교차된 길이다.
  당신이 어디에 있든지
  이 책을 다 읽고 난 후
  잠시 당신의 마음을 모으십시오.
  생을 바라보기 위해서,
  미소를 선사하기 위해서,
  손을 내밀 수 있기 위해서,
  진실되이 사랑하기 위해서
  마음을 모으십시오.
  그리고 사랑 안으로 들어가십시오.
지나쳐 가지 마십시오.
하느님이 당신을 찾았습니다.
당신의 내면에 계시는 하느님이.
마음을 모으고 기도 안으로 들어가십시오.
침묵과 고요와 평화의 조화 속에서.
당신의 심방(心房) 안에 조용히 머무십시오.
  마음을 모으고 당신도
  이 세상에서 관상을 하여 보십시오.
  두려워하지 마십시오.
  마음을 모으고 무릎을 꿇으십시오.
당신도 그렇게 해 보십시오. 나는 이미 그렇게 했습니다.